Was ich an dir mag

Was ich an dir mag

♥

riva

Bibliografische Information der Deutschen Nationalbibliothek

Die Deutsche Nationalbibliothek verzeichnet diese Publikation in der Deutschen Nationalbibliografie; detaillierte bibliografische Daten sind im Internet über http://d-nb.de abrufbar.

Für Fragen und Anregungen

info@rivaverlag.de

Wichtiger Hinweis

Ausschließlich zum Zweck der besseren Lesbarkeit wurde auf eine genderspezifische Schreibweise sowie eine Mehrfachbezeichnung verzichtet. Alle personenbezogenen Bezeichnungen sind somit geschlechtsneutral zu verstehen.

Originalausgabe

8. Auflage 2022

© 2016 by riva Verlag, ein Imprint der Münchner Verlagsgruppe GmbH

Türkenstraße 89

80799 München

Tel.: 089 651285-0

Fax: 089 652096

Umschlaggestaltung: Catharina Aydemir

Umschlagabbildung: Shutterstock

Bilder Innenteil: Melanie Melzer, Shutterstock

Satz: EDV-Fotosatz Huber/Verlagsservice G. Pfeifer, Germering

Druck: GGP Media GmbH, Pößneck

Printed in Germany

ISBN Print: 978-3-86883-870-1

Weitere Informationen zum Verlag finden Sie unter

www.rivaverlag.de

Beachten Sie auch unsere weiteren Verlage unter: www.m-vg.de

Was ich an dir mag

Schon Wilhelm von Humboldt hat gesagt: „Im Grunde sind es doch die Verbindungen mit Menschen, die dem Leben seinen Wert geben."
Freunde sind wichtiger für das Glück als die Liebe und wichtiger für die Gesundheit als Bewegung. Diese ein, zwei, drei Menschen, denen man alles sagen kann und auf die man sich blind verlassen kann. Die, die nichts anderes von uns wollen, als uns glücklich zu sehen. Das sind nicht viele. Es gibt zwar noch jede Menge Leute, die sich in der Nähe dieses Status tummeln wie Teenager um eine Dorfbushaltestelle – aber wirkliche Freunde hat man nicht viele im Leben. Nicht *solche* Freunde.

Dieses Buch ist für *solche* Freunde. Wenn du dieses Buch bekommst, bedeutest du für jemanden die ganze Welt.

Dieses Buch wird ausgefüllt von

_____

für

_____

Von allen Geschenken, die uns das Schicksal gewährt,
gibt es kein größeres Gut als die Freundschaft –
keinen größeren Reichtum, keine größere Freude.

(Epikur von Samos)

Es gibt so viele Dinge, die ich an dir bewundere,
liebe und wertschätze und es gibt so viele Gründe,
dich hochleben zu lassen, hier sind nur einige
davon:

_____

_____

_____

_____

_____

_____

Ich weiß noch genau, wie wir uns kennengelernt haben.

Es war am:_____

In:_____

Das ist passiert: _____

_____

_____

_____

Das Wetter war:_____

Mit dabei war/waren:_____

Und an dieses Kleidungsstück/Accessoire von dir kann ich mich noch ganz genau erinnern:

_____

Das Erste, was mir an dir auffiel, war:_____

_____

... und ich könnte wetten, das Erste, was dir an mir auffiel, war:_____

_____

Meine erste, noch nicht ganz ausgereifte Meinung von dir war damals:

_____

_____

Womit ich bei meiner Einschätzung völlig verkehrt lag:

_____

_____

Was ich gleich an dir mochte:

_____

_____

Ich dachte zu Beginn, du wärst viel_____-er.
Bist du aber Gott sei Dank nicht.

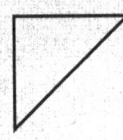

Und so sahst du damals ungefähr aus:

Und so ich:

Was mich an dir am meisten überrascht hat, als wir
uns dann besser kennenlernten:

_____

_____

Ich dachte mir, dass wir vielleicht wirklich gute
Freunde werden würden, als

_____

_____

Was wir als Erstes zusammen unternommen haben:

Wir haben _____, natürlich.

Was ich am interessantesten an dir fand:

_____

_____

Wenn ich dich anderen beschreiben soll, sage ich:

_____

_____

_____

Der beste Witz, den du draufhast, ist:

_____

_____

_____

Unser erstes gemeinsames Foto:

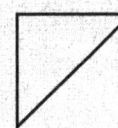

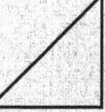

Als ich das erste Mal deine Wohnung betrat, dachte
ich:

_____

_____

Die Adresse war:

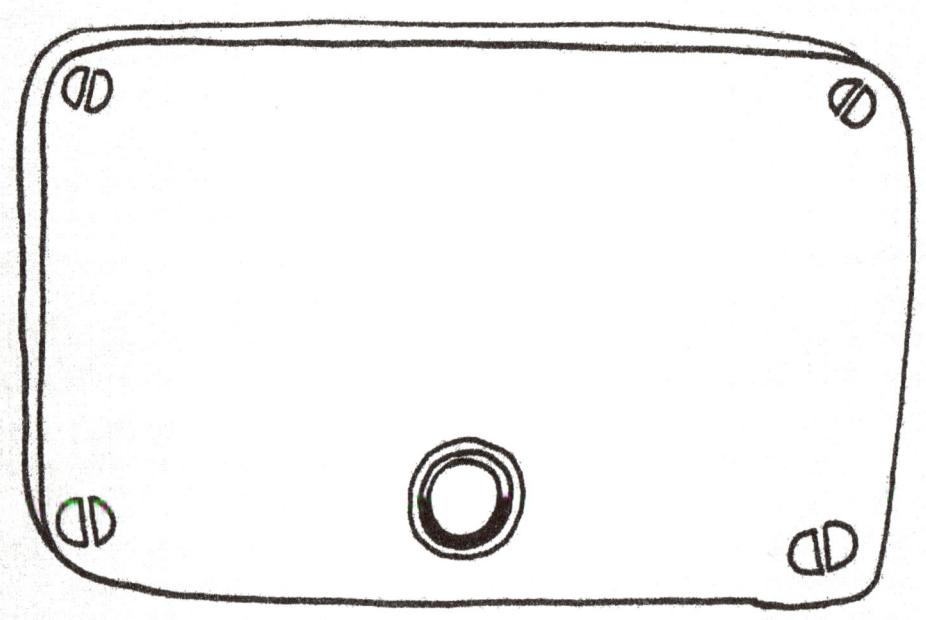

Ich liebe es, wenn du _____
nachmachst.

Was ich total gern mit dir mache:

_____

_____

Wenn Geld keine Rolle spielen würde, würde ich
dir sofort das hier kaufen:

Wenn wir zusammen sind, bin ich:

_____

_____

Die drei Eigenschaften, die ich am liebsten an dir
mag:

- _____

- _____

- _____

Ich finde, du kannst wahnsinnig toll:

_____

_____

Ein bisschen Freundschaft ist mir mehr wert
als die Bewunderung der ganzen Welt.

(Otto von Bismarck)

Hier meine Zeichnung des Superstars, der dir am ähn-
lichsten ist:

Und das soll sein:

_____

Woran jemand Außenstehendes sofort erkennt, dass ich
mit dir telefoniere und nicht mit jemand anderem:

_____

_____

Ich muss sofort lachen, wenn du _____

_____

Du bist toll, aber ich finde deinen Geschmack bei der
Wahl deiner Partner:

☐ *bombig*
☐ *okay*
☐ *mittel*
☐ *unter aller Kanone*

Sollte dein Partner dir das Herz brechen, werde ich
ihn:

☐ *frittieren*
☐ *kastrieren*
☐ *liquidieren*
☐ *in der Reihenfolge*

Ich glaube, das Geheimnis unserer Freundschaft ist:

_____

_____

Das Netteste, das du mir mal gesagt hast, war:

_____

_____

Die Farbe, die dir am besten steht, ist:

_____

Das Schlaueste, was du mal gesagt hast, war:

_____

_____

Ich würde dir so viel von meiner Schokolade abgeben:

Kannst du dich an den Tag erinnern, als wir _____

_____

_____

_____? Das war so lustig,

ich muss immer grinsen, wenn ich daran denke.

Am schönsten an dir finde ich:

_____

_____

Das Kleidungsstück, das dir am besten steht:

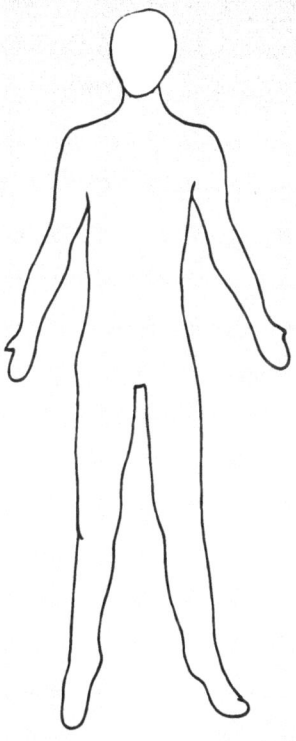

Mit dir kann ich:

_____

_____

_____

Du bringst das in mir zum Vorschein:

_____

_____

Wenn alle so wären wie du, wäre die Welt viel:

_____

Am allerschönsten hast du ausgesehen, als

_____

_____

Wenn du ein Tier wärst, dann vermutlich:

_____

Weißt du noch, als es mir wegen _____
nicht so gut ging? Du hast mir damals sehr geholfen,
indem du

_____

_____

Wenn ich mich daran erinnere, dass wir _____

_____

_____

haben, schlage ich immer noch die Hände über dem

Kopf zusammen.

Das unterscheidet dich von allen anderen Menschen
auf der Welt:

_____

_____

_____

_____

Diese Jahreszeit passt am besten zu dir:

_____

Und diese Eissorte:_____

Dieser Film:_____

Dieser Wochentag:_____

Dieses Buch:_____

Dieses Getränk:_____

Diese Farbe:_____

Und diese Pflanze:_____

Ich glaube, du wärst wahnsinnig erfolgreich in diesem Beruf: _____

Das glaube ich, weil_____

_____

Wenn ich am Boden bin, ...

☐ verstehst du mich.
☐ richtest du mich wieder auf.
☐ setzt du dich einfach dazu.

Danke!

Mit dir kann ich durch ...

☐ dick gehen.
☐ dünn gehen.
☐ dick und dünn gehen.

So viel von meinem Herzen gehört dir:

Würden wir zusammen ein Geschäft aufmachen, dann
wäre es:

_____

Ich bin dir wahnsinnig dankbar für diesen Rat:

_____

_____

_____

Ich rechne dir hoch an, dass du _____

_____. Danke!

Unser Lieblingsgetränk:

_____

Unsere Lieblingsbar:
(Visitenkarte, Rechnung, Werbung o.Ä. einkleben)

Als Paar sind wir am ehesten:

☐ Dick & Doof   ☐ Hanni & Nanni
☐ Willi & Biene Maja   ☐ M&M's
☐ Bud Spencer &   ☐ _____
   Terence Hill

Angenommen, wir werden wiedergeboren: Wenn du wiedergeboren wirst, dann wirst du:_____

Und ich: _____

In deinem letzten Leben warst du vermutlich:

_____

Wenn ich mir uns vorstelle, wenn wir alt sind, dann
habe ich folgendes Bild vor Augen:

Die schönste Geschichte über dich, die ich kenne, ist:

_____

_____

_____

_____

Welche deiner Eigenschaften ich am liebsten auch
gerne hätte:

_____

Ich hätte nie gedacht, dass du so viel über

_____ weißt.

Was uns zusammenhält:

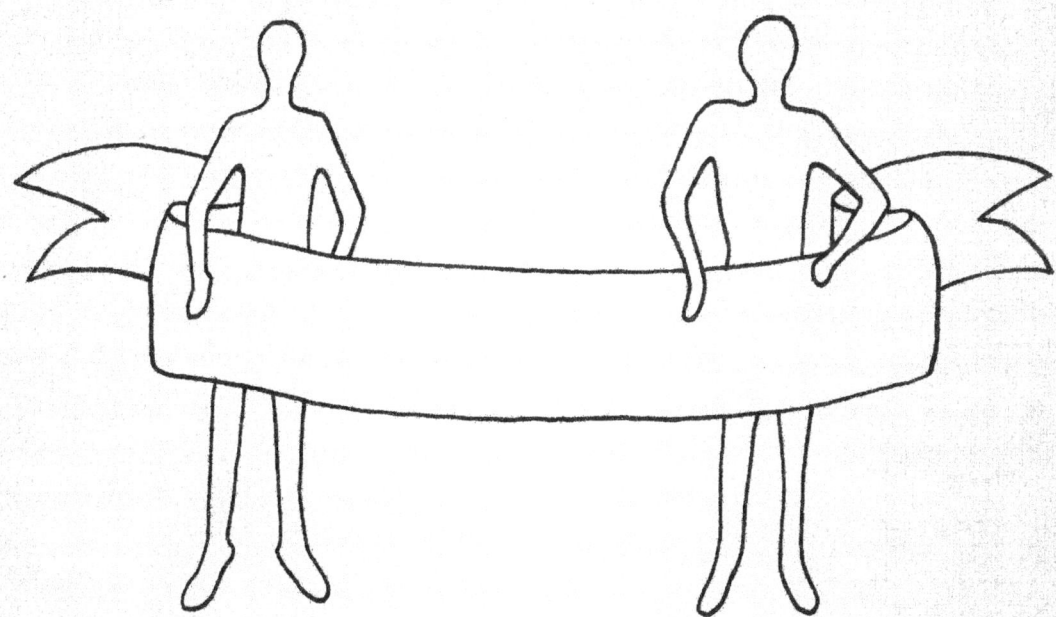

Ich habe dir noch nie gesagt, dass

_____

_____

_____

Wenn ich dürfte, würde ich dir diesen Spitznamen geben:

_____

Wenn wir so wahnsinnig wären und uns ein Symbol unserer Freundschaft tätowieren lassen würden, dann
könnte das so aussehen:

Mir tut es sehr leid, dass ich _____

_____

_____

_____

_____

Was mir mit dir immer Spaß macht:

_____

_____

_____

Wenn du auswandern wollen würdest, fände ich, dass
dieses Land am besten zu dir passt:

_____

_____

Als du _____

_____

_____

hast, sind mir vor Rührung die Tränen gekommen.

Meine Lieblingsmacke an dir:

_____

_____

Eine bezaubernde Eigenschaft, die nicht viele Leute
von dir kennen, ist:

_____

_____

_____

Du bist so schön wie:_____

So mutig wie:_____

So stark wie:_____

Und so süß wie:_____

Mit dir an meiner Seite ist das Glas nie leer, son-
dern ungefähr so voll:

Und drin ist:

_____

»Liebe Anwesende, wir haben uns hier versammelt,

um einer ganz besonderen Person zu danken. Und zwar

_____, für_____

_____.

_____

_____

_____

_____

_____. Danke!«

Ich verspreche dir hiermit hoch und heilig, dass
ich _____
_____

und dass ich nie _____
_____.

Als man dich gemacht hat, wurde besonders viel
_____
benutzt.

Eine Sache, über die wir erst jetzt im Nachhinein
lachen können:

_____
_____

Du könntest gut in der Fernsehserie _____
mitspielen. Als: _____

Ich liebe es, dass du auch immer kichern musst, wenn
du _____ hörst.

Der Edelstein, der am besten zu dir passt:

_____

Ein Foto, auf dem wir besonders glücklich
aussehen:

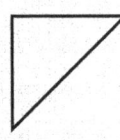

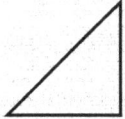

Kannst du dich erinnern, als wir zusammen vor Lachen
fast vom Stuhl gefallen sind? Das war, als _____

_____

_____

Was du besser kannst als alle anderen Menschen auf
dem Planeten:

_____

_____

Dieses Geschenk von dir liebe ich ganz besonders:

_____

_____

Ich glaube, ohne dich hätte ich nie den Mut gehabt,

_____

_____

Wenn ich deine (wohlverdiente) Krone designen würde,
sähe sie so aus:

Mich hat am meisten beeindruckt, als du mal

_____

_____

Mit einem hübschen Schwips Arm in Arm dieses Lied

grölen: _____ das sieht uns ähnlich.

Ich bewundere dich dafür, dass du

_____

_____

Was wir echt mal wieder tun sollten:

_____

_____

Egal wann, egal wie, egal warum - hier ist immer

ein/-e

• _____

• _____

• _____

• _____

für dich bereit.

Wenn ich dir einen neuen Vornamen geben müsste, wäre

das:

_____

Deine bezauberndste Eigenschaft ist:

_____

_____

Dass du ein guter Mensch bist, sehe ich daran,
dass

_____

_____

_____

Ich liebe es, wie du guckst, wenn _____

_____ .

Das sieht ungefähr so aus:

Falls ich vor dir von dieser Erde verschwinden sollte, werde ich vom Himmel aus ...

- [ ] auf dich aufpassen.
- [ ] dir die Sonne scheinen lassen.
- [ ] dir einen Heidenschreck einjagen. ☺

Ich glaube, deine Seele sieht ungefähr so aus:

Falls das Schicksal kein Zufall sein sollte, dann
bist du in meinem Leben:

- [ ] ein Test
- [ ] eine Strafe
- [ ] ein Geschenk

♥

Worüber ich lächelnd den Kopf schüttle, wenn ich
an dich denke:

_____

_____

_____

Kannst du dich an unseren größten gemeinsamen
Rausch erinnern? Das war, als

_____

_____

_____

Als Märchengestalt wärst du_____

Weil:_____

Manchmal mache ich mir Sorgen, dass du

_____

_____

_____

Wenn du weinst, _____

_____

Danke, dass du dies möglich gemacht hast:

_____

_____

_____

Komplimente, die mir leider nicht selbst eingefallen
sind und die ich von anderen über dich gehört habe:

_____

_____

_____

_____

_____

_____

Ein Foto, auf dem du rasend komisch aussiehst:

Ich als renommierter Astrologe und Astronaut sage
dir dein persönliches Horoskop für das nächste Jahr
vorher:

_____

_____

_____

_____

_____

_____

Seit es dich in meinem Leben gibt, ist es:

☐ viel lustiger   ☐ viel chaotischer

☐ viel leichter   ☐ viel ruhiger

☐ viel süßer   ☐ viel romantischer

☐ viel bunter   ☐ viel doofer

☐ viel heißer   ☐ ganz anders

Du bist so lustig, wenn du

_____

_____

Ich werde nie diesen Moment vergessen:

_____

_____

_____

_____

Wenn ich traurig bin, tröstest du mich mit:

_____

_____

Wenn ich schlecht drauf bin, munterst du mich auf,
indem du

_____

_____

Ich war so froh, dass du bei mir warst, als

_____

_____

Wenn du mit Freunden zusammen bist, gefällt mir besonders, wie du

_____

_____

Ich muss heute noch grinsen, wenn ich daran denke,
wie du gesagt hast:_____

_____

_____

Das war in dieser Situation:_____

_____

_____

Was du in deiner Beziehung genau richtig machst:

_____

_____

_____

Ich weiß, du magst das nicht an dir:_____

_____

Ich mag es schon.

Wärst du ein Emoticon, dann dieses:

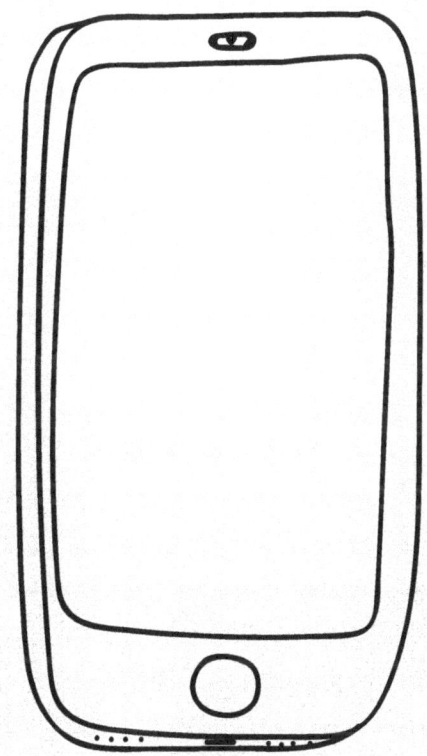

Meine Lieblings-Text-Message von dir lautet:

_____

_____

Wenn wir uns verabreden, freue ich mich schon Stunden vorher/den ganzen Tag/Tage vorher darauf! (Unzutreffendes streichen)

Als Lebensmittel wärst du:

_____

Als Romanfigur wärst du am ehesten:

_____

Vielleicht hat man es dir nicht gesagt, aber ich weiß, dass du diesen Leuten sehr geholfen hast:

_____

_____

_____

Ich würde dich sofort in dieses politische Amt wählen:

_____

_____

Ich habe dich vermisst, als

_____

_____

Beim Bleigießen an Silvester wünsche ich dir, dass das dabei rauskommt:

_____

♥

Ich liebe deinen Humor. Typisch dein Humor ist:

_____

_____

Danke, dass du so freundlich bist zu:

_____

Danke, dass ich mich immer auf dich verlassen kann!

Ich weiß, du würdest mich sogar _____

_____ ,

wenn_____ .

Ich bin heute noch froh, dass du mich überzeugt
hast, das nicht zu tun:

_____

_____

Was du besonders gut machst im Umgang mit deiner Fa-
milie:

_____

_____

_____

_____

_____

_____

_____

Wenn sie es aussprechen, dann würden die Komplimente dieser Leute wohl so klingen:

Deine Mutter:_____

Dein Vater:_____

Deine Freunde:_____

Dein Ex:_____

Deine Schwester:_____

Dein Bruder:_____

Dein Chef:_____

Deine Kollegen:_____

Dein ehemaliger Lehrer:_____

Ein Geheimnis, das wir beide teilen:

_____

_____

_____

Für dich würde ich sogar auf ein Konzert

der _____ gehen.

Diese Kritik an mir hat mir besonders weitergehol-

fen: _____

_____

_____

Danke!

Ich finde, die beste Tat deines Lebens war:

_____

_____

_____

Du wärst immer noch mein Freund/meine Freundin, auch
wenn du ...

☐ mich nicht leiden könntest.

☐ von Sternzeichen Stier wärst.

☐ _____-Fan wärst.

☐ ärmellose Jeansjacken tragen würdest.

Ich darf auch mal über dich lachen. Zum Beispiel,

wenn du _____

Du bist in Sachen _____ so
herrlich unkompliziert.

Mein Lieblingsgericht von dir:

_____

_____

Ich beneide dich um ...

diesen Charakterzug:_____

diesen Gegenstand:_____

dieses Familienmitglied:_____

dieses Talent:_____

Und um: _____

An diesem Ort bin ich am liebsten mit dir:

Diese Landschaft charakterisiert dich am besten:

☐ Wald   ☐ Regenwald
☐ Meer   ☐ Steppe
☐ Berge   ☐ Gletscher
☐ Wüste

Würde ich dich heute das erste Mal auf der Straße
sehen, würde ich denken:

_____

_____

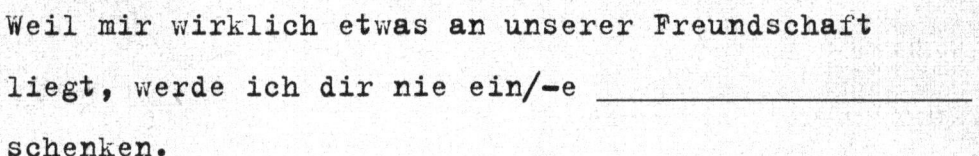

Weil mir wirklich etwas an unserer Freundschaft liegt, werde ich dir nie ein/-e _____ schenken.

Meine Lieblingsgeste von dir:

Es war so reizend, dass du mir dabei geholfen hast: _____. Das vergesse ich dir nie.

Ich bin so froh, ...

dass du nie _____,

dass du immer _____,

und dass du manchmal _____.

Mein Lieblingsbild von dir ist:

Und mein Lieblingsbild von uns ist:

Jeder Buchstabe deines Vornamens steht für ein Wort, das dich ausmacht (zum Beispiel: >s< steht für supi, >t< für temperamentvoll etc.). Dein Vorname, vertikal geschrieben:

☐ steht für _____

☐ steht für _____

☐ steht für _____

☐ steht für _____

☐ steht für _____

☐ steht für _____

☐ steht für _____

☐ steht für _____

☐ steht für _____

☐ steht für _____

☐ steht für _____

☐ steht für _____

☐ steht für _____

☐ steht für _____

☐ steht für _____

Es ist schön, dass es Dinge gibt, die wir beide mögen, zum Beispiel:

• _____

• _____

• _____

• _____

Und ich bin froh, dass du diese Dinge auch nicht
magst:

- _____
- _____
- _____
- _____

Ich mag es, wie du _____ sagst.

Mit niemandem kann ich so schön über _____
lästern.

Durch dich habe ich viele neue Dinge kennengelernt.
Zum Beispiel:

Dieses Gericht:_____

Dieses Getränk:_____

Dieses Buch:_____

Diesen Film:_____

Diesen Ort:_____

Und durch dich habe ich gelernt, viel _____-er

zu sein.

Wenn ich etwas in unserer Freundschaft rückgängig

machen könnte, wäre das _____

_____

_____

Ich erinnere mich an ein besonderes Telefonat, das
war, als

_____

_____

_____

Freundschaft ist eine Tür zwischen zwei Menschen.
Sie kann manchmal knarren, sie kann klemmen,
aber sie ist nie verschlossen.

(Baltasar Gracián)

Das kannst du alles von mir haben:

☐ mein Geld
☐ meine Klamotten
☐ mein iPhone
☐ eine Niere

☐ das Passwort meines Facebook-Accounts
☐ das Sorgerecht für den Hund
☐ alle meine Treuepunkte

Ich schätze deinen IQ ungefähr auf: _____

Ich bin so froh, dass du dich nicht total aufregst,
wenn ich

_____

_____

Hier ein paar Treuepunkte für dich:

Dieses gemeinsame Ritual habe ich besonders gerne:

_____

_____

_____

Am meisten an dir imponiert hat mir bisher, wie du

_____

_____

Ich liebe es, wenn du diese Geschichte erzählst:

_____

_____

_____

_____

Ich wünschte, ich hätte auf dich gehört, als du gesagt hast:

_____

_____

Unsere Freundschaft ist im Laufe der Zeit

_____-er geworden.

Bevor wir eines Tages ins Gras beißen, sollten wir unbedingt noch:

_____

♥

Ich glaube, wir verstehen uns so gut, weil

_____

_____

Ohne dich hätte ich nie das erlebt:_____

_____

Danke!

Du bist die, die mir sagen darf, wenn ich mich mal
verfranze. Zum Beispiel, als ich unbedingt

_____

_____

Ich kann blind in einem Restaurant für dich bestellen!

Vorspeise:_____

Hauptspeise:_____

Nachspeise:_____

Getränk:_____

Wenn wir jetzt eine Zeitkapsel vergraben würden, um
uns im Alter mal daran zu erinnern, wie wir waren,
dann würde ich hineingeben:

_____

_____

Ich glaube, du musst keine Angst haben vor dem Alter, weil du_____

_____

Dieser gemeinsame Urlaub war genial, ich werde mich immer dran erinnern: _____

_____

Lieblingsfoto aus dem Urlaub:

Wir waren noch nie zusammen im Urlaub, aber ich würde dieses Reiseziel vorschlagen:_____

_____

Ich mag es, wenn du dieses Lied singst:

_____

_____

Wenn du die Welt verändern könntest, wäre sie danach
bestimmt viel _____ -er

Wenn wir Könige wären, wäre unser erster Erlass:

_____

_____

Und auf unserem Wappen würde dieser Spruch stehen:

_____

_____

Das macht dich so sympathisch:

_____

_____

_____

_____

Das hier war ein echtes Abenteuer, das wir zusammen
erlebt haben:_____

_____

Und du warst besonders toll, weil du _____

_____

Wenn du ein Mann/eine Frau geworden wärst, dann
wärst du bestimmt _____
geworden.

Dinge, die wir teilen/gemeinsam nutzen:

Etwas, das du nicht über mich weißt und das ich dir
hier erzähle:

_____

_____

_____

_____

Ich hoffe, dass wir noch in hundert Jahren _____
_____

Es ist gar nichts Besonderes, aber ich mache gerne
das mit dir zusammen:
_____
_____
_____

Was uns echt zusammengeschweißt hat, war:
_____
_____
_____

Damit habe ich dir mal Unrecht getan: _____
_____
_____
_____, tut mir leid.

In deinen Briefen/SMS/Mails/WhatsApp-Nachrichten mag
ich besonders, wie du

_____

_____

Wenn du eine Sportart wärst, dann wärst du:

Und das soll sein:

_____

Ich finde wir haben dem Begriff _____
eine völlig neue Bedeutung gegeben!

Mit anderen rede ich von dir als mein/-e:

_____

_____

Wenn man unsere Vornamen vermixt, gäbe das diesen Namen:

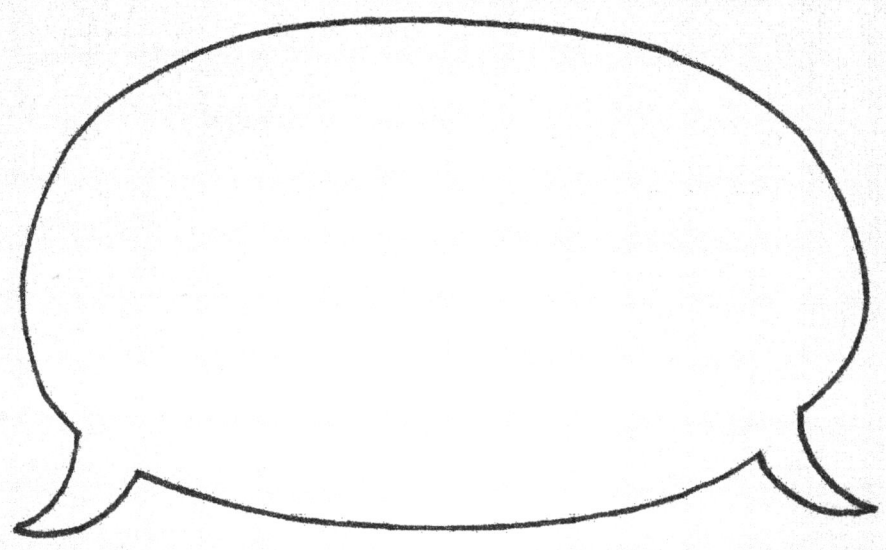

Eine Website mit unserer Geschichte hieße wahrscheinlich: www._____.com

Wenn du besonders begeistert bist, sagst du so reizend: _____!

Wenn unser Leben verfilmt würde, dann würdest du gespielt von: _____
Und ich von: _____

Du hast mal gesagt, ich erinnere dich an
_____, das hat mir gefallen. ☺

Ich weiß, du hasst die hier:[1] _____

Ich komme und mach sie weg für dich.

Du bist:

☐ das Salz in meiner Suppe
☐ der Pfeffer auf meinem Steak
☐ der Chili in meinen Augen
☐ der Gin in meinem Tonic
☐ die Schaufel zu meinem Grab

Ich mag deinen Stil in Sachen:

_____

_____

[1] Wir hoffen inständig, dass die Freundin/der Freund eine beeindruckende
Angst vor irgendeinem Tier hat und nicht eine Person genannt werden muss.

Würdest du mir irgendwann beibringen, wie man

_____?

_____

Ich finde, dein Sternzeichen müsste eigentlich sein:

Und das soll sein: _____! Das glaube ich,

weil _____

_____

Leider verpasst! ☹ Bei diesem Ereignis in deinem
Leben wäre ich gerne bei dir gewesen:

_____

_____

_____

Wenn ich die gute Fee wäre (und du mich nicht ausla-
chen würdest troz Flügeln und Zauberstab und allem),
würde ich dir diese drei Wünsche erfüllen:

1. _____

2. _____

3. _____

Wenn ich mit nur einem einzigen Wort unsere Freundschaft beschreiben müsste, wäre es dieses:

_____

Und wenn ich mit nur einem einzigen Wort dich beschreiben müsste, wäre es dieses:

_____

Ein Andenken an eine gemeinsame Erinnerung, das ich
aufbewahrt habe, ist:
(Eintrittskarte, Rechnung o.Ä. einkleben)

♥

Ein Foto aus unserer Geschichte, das mich immer lächeln lässt:

Unsere Kneipe ist: _____

Und wir trinken dort:_____

Sollte ich deine Biografie schreiben, dann würde ich
ihr diesen Titel geben:

_____

Ich bin so froh, dass es dich gibt. Ohne dich wäre
mein Leben viel:

_____

Es gab eine Zeit, da habe ich mich miserabel ge-
fühlt, aber du warst für mich da. Das war, als
_____. Danke!

Auch wenn du gerade nicht da bist, muss ich sofort
an dich denken, wenn

_____

_____

Ich wünschte, du könntest dich einmal durch meine
Augen sehen. Du bist so viel _____-er,
als du glaubst.

Ohne dich hätte dies nie funktioniert:

_____

_____

Ich bin so froh, dass ich dir alles erzählen kann.
Auch wenn es mir wirklich unangenehm war, dir das zu
erzählen:

_____

_____

_____

_____

_____

_____

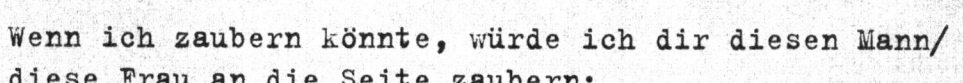

Wenn ich zaubern könnte, würde ich dir diesen Mann/
diese Frau an die Seite zaubern:

Und das soll sein:

_____

Sieh es als Zeichen meiner großen Freundschaft, dass
ich (fast) ohne zu murren ...

☐ *deine riesigen Tigerkrallen-Hausschlappen*
☐ *deine Unpünktlichkeit*
☐ *deinen Hang zu* _____ *-Filmen*
☐ *deine Sammlung von* _____
☐ _____
☐ _____

ertrage.

Bei uns hat es einfach ›Klick‹ gemacht. Für mich war
das, als

_____

_____

Wenn wir ausgehen, fühle ich mich mit dir wie:

☐ die Kessler-Zwillinge
☐ Britney und Madonna
☐ die Opas aus der Muppet Show
☐ Fix und Foxi

Ich finde, du hast einen besonders guten

_____-Geschmack.

Dabei hast du mir mal sehr geholfen: _____

_____

_____

_____

Danke!

Auf unserem weiteren gemeinsamen Weg ...

☐ rasen wir in einem Sportwagen mit 360 km/h in Rich-
   tung Vegas.
☐ kurven wir im Cabrio gemütlich dahin.
☐ radeln wir im Team windschnittig auf das Glück zu.
☐ kehren wir erst mal in der nächsten Bar ein.

Ich glaube, ich bin die perfekte Freundin/der perfekte Freund für dich, weil ich diese Eigenschaft habe, die du brauchst:

_____

_____

Ich glaube, du bist die perfekte Freundin/der perfekte Freund für mich, weil du diese Eigenschaft hast, die ich brauche:

_____

_____

Ich werde immer dein Gesicht in Erinnerung behalten, als das hier passiert ist:

_____

_____

_____

_____

Ich finde es wahnsinnig toll, dass du das hier in deinem Leben erreicht hast:

_____

_____

Zu zweit sind wir vollkommen. Wie:

☐ *ein Paar Schuhe*
☐ *zwei Ohrringe*
☐ *ein Busen*

Ich versuche, dich hier in deiner ganzen Schönheit
zu porträtieren, lach bloß nicht:

Mein Lieblingsort, an dem wir zusammen waren:

☐ *deine Küche*
☐ *unsere Stammkneipe*
☐ *Kuba*
☐ _____

Ich weiß, du magst _____ besonders
gerne. Wenn ich könnte, würde ich dir ein ganzes Haus
aus _____ bauen.

♥

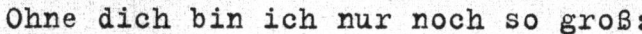

Ohne dich bin ich nur noch so groß:

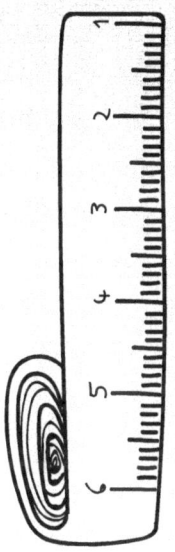

Du hast mir unendlich leidgetan, als

_____

_____

Wenn du das für mich kochst/backst/einkaufst, sinke
ich auf die Knie:

_____

_____

Der Film, der uns beiden so gut gefallen hat:

_____

Deine Umwelt profitiert besonders von deiner/deinem:

_____

Diesen ›Schönheitsmakel‹ an dir finde ich besonders
schön:

_____

_____

Wäre unsere Freundschaft ein Baum, dann sähe er so
aus:

Danke, dass du mich so gut kennst und mich trotzdem
magst! Und das, obwohl ich

_____

_____

Ich liebe es, mit dir zusammenzusitzen und zu
quatschen. Wo wir uns besonders gern festquatschen:

_____

_____

Über was wir uns beide ausschütten können vor Lachen:

_____

_____

Ich hab schon mal von dir geträumt, und zwar:

_____

_____

_____

Du bist für mich wie ein Geschenk ...

☐ *des Himmels.*
☐ *einer guten Fee.*
☐ *eines lustigen Irren.*

Ich rede gerne mit dir über:

_____

_____

Du kannst mich immer zum Lachen bringen. Am besten
mit:

_____

_____

Wenn du zu Besuch kommst, besorge ich extra etwas/

viel _____.

Für dich würde ich folgendes Straßenschild entwerfen
und vor deinem Haus aufstellen lassen:

Ein Film, bei dem wir beide Tränen lachen:

_____

Ein Buch, das wir beide lieben:

_____

Und das hier hassen wir beide:

_____

Würde die Weltpolitik nur auf dich hören, wäre dieses Problem schon längst gelöst:

_____

Ohne dich ist alles:

$\frac{1}{2}$ so schön

$\frac{1}{4}$ so schön

$\frac{1}{8}$ so schön

$\frac{1}{16}$ so schön

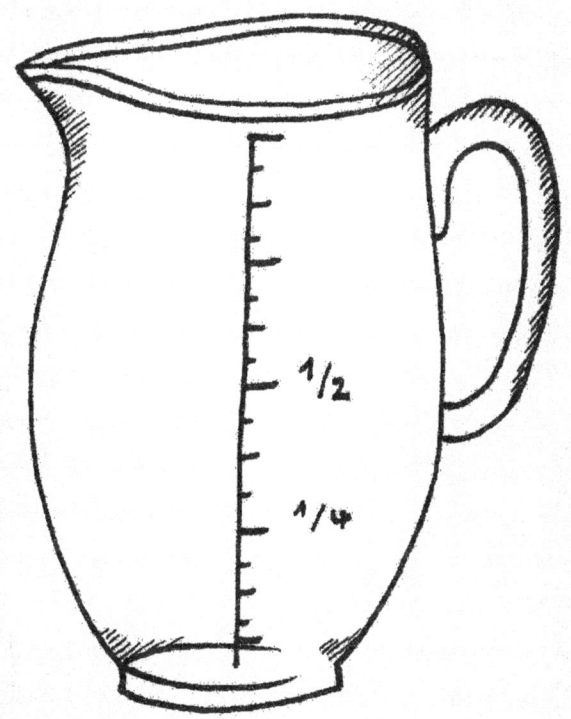

Ich vertraue dir so sehr, ich habe dir sogar das erzählt:

_____

_____

_____

Gut möglich, dass uns andere manchmal für bekloppt
halten, besonders wenn

_____

_____

Mein Lieblingszitat von dir:

_____

_____

Du sahst so glücklich aus, als

_____

_____

_____

Du bist für mich:

☐ Sorgentelefon
☐ Stylingberater
☐ Lästerschwester
☐ Psychologe
☐ Kritiker
☐ Mutmacher

Du darfst mich immer anrufen. Auch wenn ich ...

☐ gerade schlafe.
☐ gerade mit jemandem schlafe.
☐ im Meeting bin.
☐ in der Badewanne liege.
☐ die Welt untergeht.

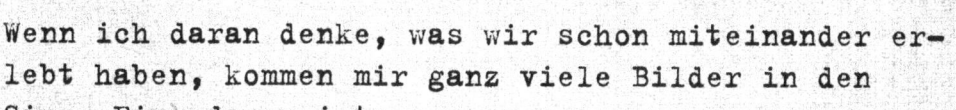

Wenn ich daran denke, was wir schon miteinander erlebt haben, kommen mir ganz viele Bilder in den
Sinn. Eins davon ist:

Was andere über dich denken, ist mir:

- [ ] egal
- [ ] schnurzegal
- [ ] schnurzpiepegal
- [ ] wumpe
- [ ] egal, solange sie nichts Schlechtes über dich sagen

Das Fundament unserer Freundschaft besteht aus:

1._____

2._____

3._____

Auch wenn wir uns _____ / _____ / _____ Tage/
Monate/Jahre nicht gesehen haben, ist es sofort,
als wären wir gestern erst auseinandergegangen.

Ich bin froh, dass du diesen Trend nicht mitmachst/
mitgemacht hast:

_____

_____

In welcher Zeitschrift du eine Kolumne schreiben
könntest:

_____

Und welchen Laden du sofort übernehmen (und verbes-
sern) könntest:

_____

_____

Keine Ahnung, warum du so verrückt auf _____
bist, aber ich verbuche es unter ›liebenswerte
Eigenschaften‹.

In einem Film über unsere Freundschaft würdest du

gespielt werden von: _____

Und ich von:_____

Das ist ein echt guter Kniff, den ich von dir habe:

_____

_____

Unser Lied!!!!!!

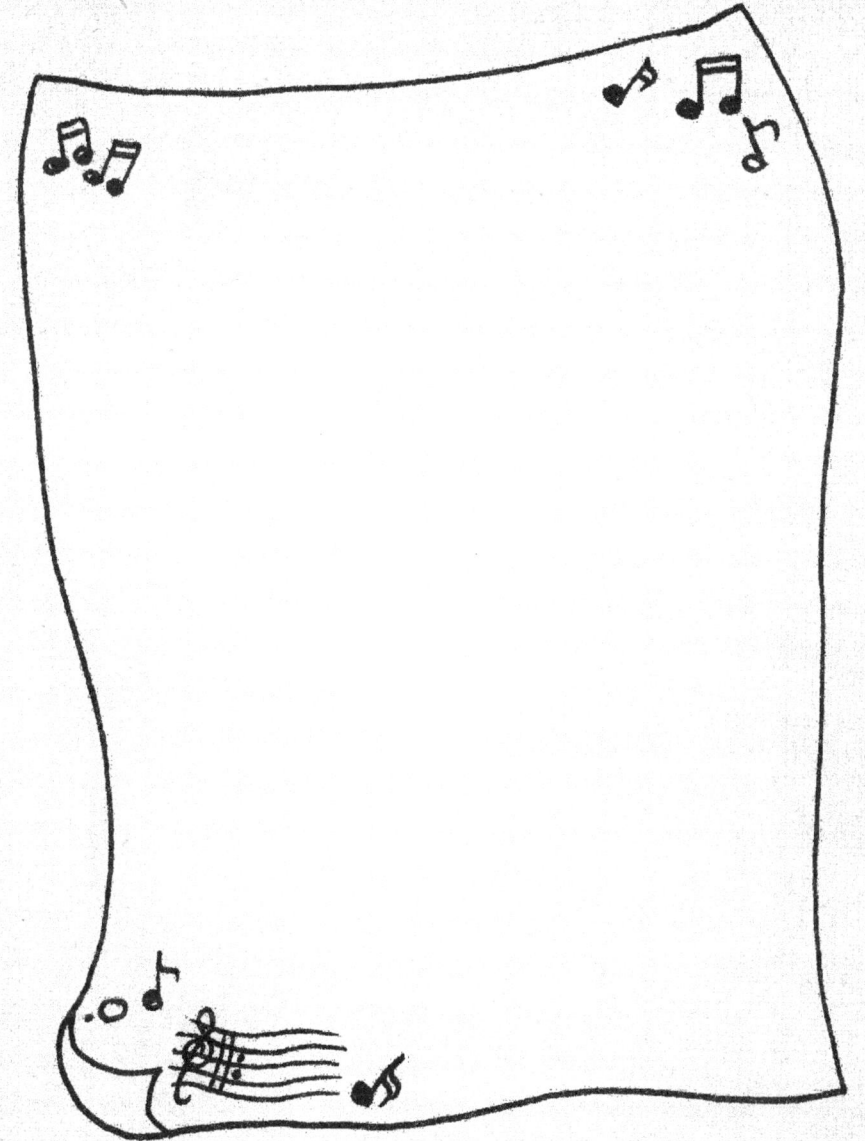

Ich wünsche dir, dass das im nächsten Jahr passiert:

_____

_____

Ich hab dich lieb bis hierhin und zurück:

Erde   *Mond*

Ein Gericht, ein Getränk und ein Ort, die mich immer
an dich erinnern:

_____

_____

_____

Wahre Vertrautheit:

☐ *wenn du den Labello ungefragt weitergibst*

☐ *wenn du für mich mitbestellst, weil du eh weißt, was*
ich mag

☐ *wenn du* _____

Bei diesem Ereignis in der Zukunft wünsche ich, dass
du bei mir bist

_____

Du kannst viel besser _____ als ich.

♥

Ich hab es dir, glaub ich, noch nie gesagt, aber ich will, dass du weißt, dass ich es nicht selbstverständlich finde, dass du

_____

_____

_____

Ich finde es liebenswert, dass du immer mal wieder dieser Schwäche nachgibst:

_____

_____

_____

Wenn es dir mal nicht so gut geht, denk immer daran, wie wir

_____

_____

Mein Herz lacht, wenn:

☐ *die Sonne scheint.*

☐ *es den blöden Kollegen/die blöde Kollegin auf die Schnauze haut.*

☐ *ich dich glücklich sehe.*

Die Erde braucht Regen. Die Sonne braucht Licht. Der Himmel braucht Sterne und ich brauche ...

☐ *dringend Magerquark!*

☐ *meine Ruhe!*

☐ *dich!*

Ein Schnappschuss, der mich immer lächeln lässt:

Wusstest du, dass dich _____ bewundert?

Und zwar für _____.

Ich wusste gleich, dass du dich in _____
verlieben würdest. ☺

Das Lustigste, das du mal betrunken gesagt hast,
war:

_____

_____

_____

Freundschaft, das ist eine Seele in zwei Körpern.

(Aristoteles)

Wenn ich eine Playlist für unseren Roadtrip/Road-Trip zusammenstellen würde, dann wären folgende Songs darauf:

_____

_____

_____

_____

Und diese Neuigkeit habe ich zuerst dir erzählt:

_____

_____

_____

Mit dir bummele ich am allerliebsten durch:

_____

_____

Wenn wir aufeinander zugehen, muss ich schon ___ Meter vorher grinsen.

Ich werde dich für immer damit aufziehen, dass du mal _____, ich darf das.

Wenn ich einen Körperteil mit dir tauschen könnte,
dann wäre das:

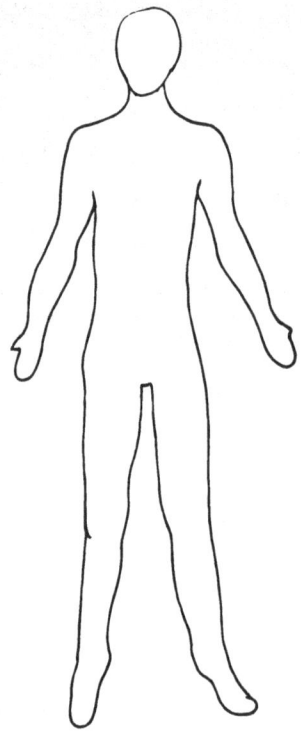

Besonders ist mir dieser Ausflug im Gedächtnis ge-

blieben:_____

Weil: _____

Wenn du einen Raum betrittst

_____

_____

Manchmal bin ich total stolz auf dich. Zum Beispiel,
wenn

_____

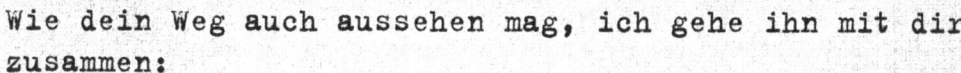

Wie dein Weg auch aussehen mag, ich gehe ihn mit dir zusammen:

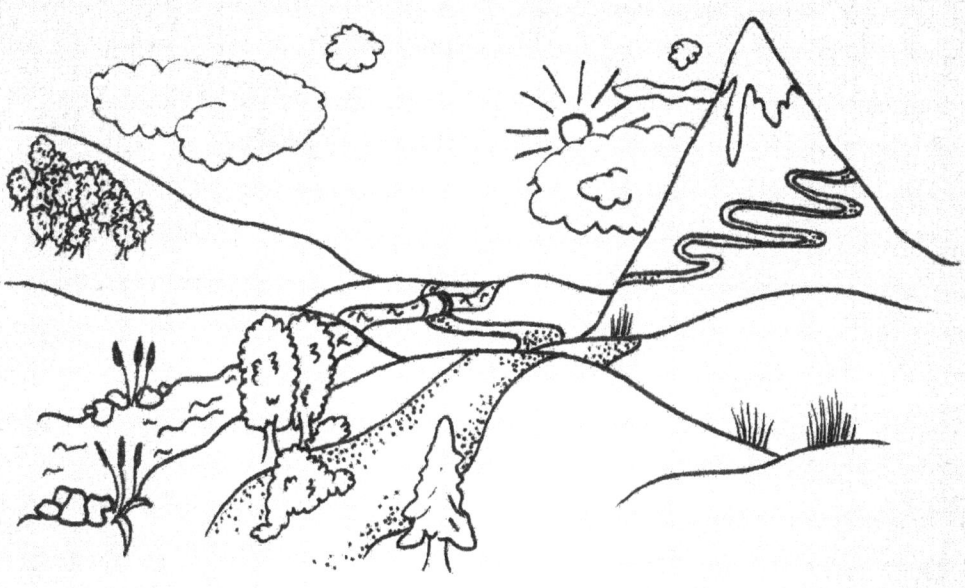

Du bist der einzige Mensch, der mich _____ nennen darf.

Mit dir wird mir nie langweilig – wir können auch zum tausendsten Mal über _____ reden.

Wenn wir uns eine Zeit nicht sehen, dann

_____

_____

_____

Ich würde jederzeit und um jede Uhrzeit bis hierhin
fahren, um dich von wo auch immer abzuholen:

Merkur   Venus   Erde Mars Jupiter Saturn   Uranus   Neptun

Sonne

Du machst aus mir einen besseren Menschen. Hier habe
ich mich durch dich verbessert:_____
_____
_____

Danke!

Weil es dich gibt, ...

lächle ich ☐ lauter, ☐ weniger, ☐ breiter.
weine ich   ☐ lauter, ☐ weniger, ☐ breiter.
lache ich   ☐ lauter, ☐ weniger, ☐ breiter.

Ich hätte nie gedacht, dass du das hier wirklich

hinkriegst: _____, cool!

Ich weiß, _____ hat/haben

dich persönlich nie interessiert, umso mehr: Danke,

dass du mich unterstützt hast!

Hier, Blumen für dich:

Es gab eventuell eine Zeit, in der ich nicht ganz so liebenswert war. Danke, dass du mich trotzdem ge-liebt hast! Das war, als

_____

_____

_____

Wenn du eine Farbe wärst, dann wärst du:_____

Ein Geruch:_____

Ein Wort:_____

Ein Buch:_____

Ein Film:_____

Eine Pflanze:_____

Eine Einsicht über Beziehungen, die du mir vermit-
telt hast:

_____

_____

Und eine über das Leben:

_____

_____

Über das Glück:

_____

_____

Wenn ich diesen Gegenstand in der Hand halte, muss
ich an dich denken:

_____

Ohne dich wäre ich:

☐ *kreuzunglücklich*   ☐ *seien wir ehrlich: die ein-*
☐ *nicht halb so dufte*   *zige Verrückte* ☺

Diese Lebensweisheit könnte von dir stammen:

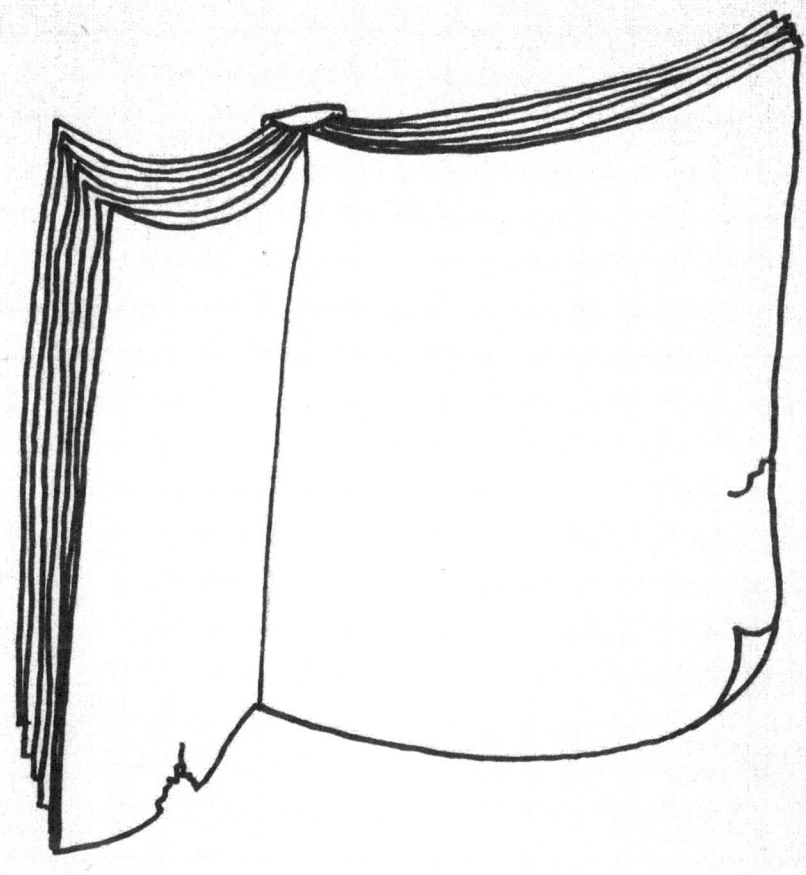

Diese wertvollen Tipps habe ich von dir:

- _____
- _____
- _____

Das verstehe ich erst jetzt:

_____
_____

Ich mag, wie du _____

_____ isst.

Respekt, dass du das gelernt hast: _____

_____

Für die ganzen Male, in denen ich mich nicht bedankt
habe, ist hier ein besonders schönes:

DANKE

Fünf Dinge, die mir sofort zu dir einfallen:

- _____
- _____
- _____
- _____
- _____

Du warst als Kind bestimmt sehr:

_____

Welcher Teenie-Star ein bisschen so aussieht wie du früher:

_____

_____

Wir könnten gut:

☐ eine Kreuzfahrt machen
☐ mit dem Wohnmobil auf Tour gehen
☐ am Pool eines 5-Sterne-Hotels liegen
☐ mit der Machete durch den Urwald streifen

Ich hab dich so lieb, ich könnte:

☐ platzen   ☐ jazzen
☐ schmatzen   ☐ kratzen

Das hier kann ich nur, weil es dich gibt:

_____

_____

Diesen medizinischen Rat von dir befolge ich:

_____

_____

Und diesen nicht:

_____

_____

Das hier in meiner Wohnung erinnert mich an dich:

_____

_____

Diesen Tick von dir habe ich übernommen: _____

_____. Vielen Dank auch!

Das hier, sagst du, kannst du nicht:

• _____: das stimmt/stimmt nicht

• _____: das stimmt/stimmt nicht

• _____: das stimmt/stimmt nicht

Danke für:

• _____

• _____

• _____

Dieses Gerät/Gadget ist, glaube ich, extra für dich
erfunden worden:

_____

_____

_____

In Sachen _____ hätte sogar

_____ noch etwas von dir

lernen können!

♥

Dein Lieblingswitz:

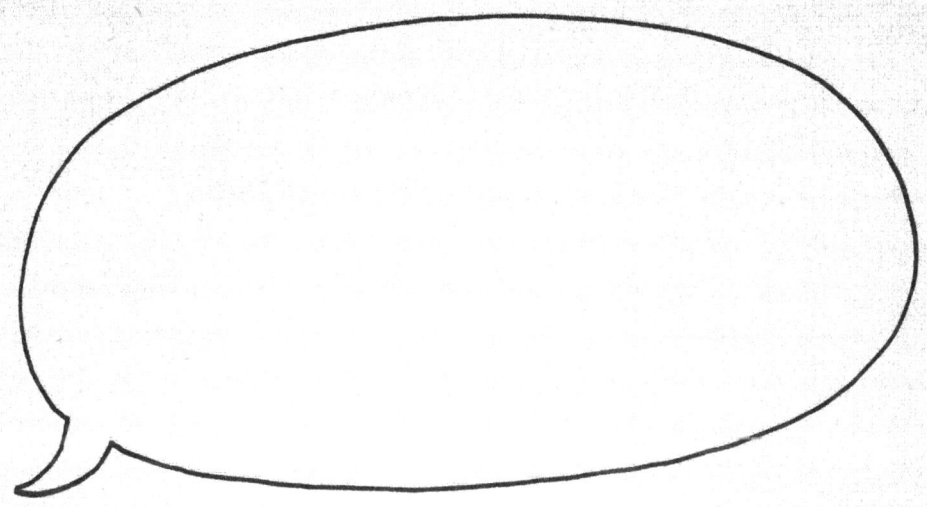

Ich finde ihn:

☐ *zum Brüllen*
☐ *so lala*
☐ *Oh Gott!*

In dieser Sportart hättest du Großes erreichen kön-
nen/könntest du Großes erreichen:

_____

Wenn es in meiner Macht stände, würde ich dir diese
Persönlichkeit vorstellen:

_____

_____

Ich könnte mir gut vorstellen, dass dir diese Frisur
gut steht:

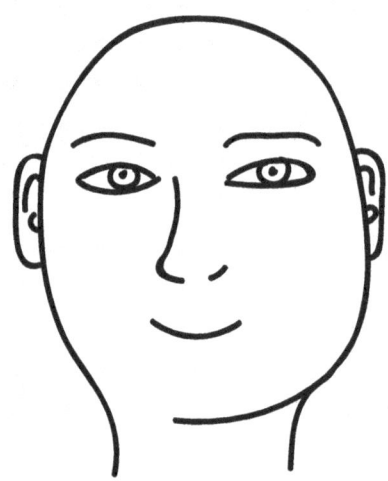

Mit diesem Hollywoodstar hättest du ein schönes Paar
abgegeben:

_____

Mit dir an meiner Seite fühle ich mich immer:

_____

Worauf ich mich besonders freue, wenn wir uns tref-
fen:

_____

_____

_____

Darin bist du wahnsinnig gut:

Die unglaublichste Geschichte, die du mir je aufge-
tischt hast:

_____

_____

_____

_____

_____

_____

Wann ich dich besonders vermisse:

_____

_____

_____

Woran ich merke, dass du mich vermisst:

_____

_____

_____

Womit du mich das letzte Mal total überrascht hast:

_____

_____

_____

Das Lied, das bei unserem Kennenlernen als Sound-
track gepasst hätte:

_____

Wir wohnen so weit auseinander: _____ Kilometer

Aber du bist mir so nah: _____ Zentimeter

So viel Lösegeld würde ich für dich bezahlen:

_____

Ich war mal eifersüchtig auf:

_____

♥

Eine Redewendung, die du oft benutzt und die ich
gerne höre:

_____

_____

Es wäre schön, wenn du es nicht von mir verlangen
würdest, aber für dich würde ich sogar:

_____

_____

Ich muss immer an dich denken, wenn ich diese Wörter
höre:

_____

_____

_____

Danke, dass du versuchst, dass ich weniger

_____

_____

Ich finde, du verdienst:

☐ *ein Erdbeereis*   ☐ *viel mehr*

☐ *eine Umarmung*   ☐ *alles Glück der Welt und*
                        ein Erdbeereis obendrauf

Du warst nahezu unerträglich, als du_____

_____.

Erinnerst du dich?

Zum Schluss

Ich hoffe, du hast während der Lektüre mal gelacht,
ich hoffe, du hast viel gelächelt und dir vielleicht
sogar mal ein Tränchen aus dem Augenwinkel gewischt.
Wie ich dich kenne, hast du dir sogar ganz sicher
ein Tränchen aus dem Augenwinkel gewischt. ☺
Was ich dir hier zum Schluss sagen will, ist etwas
ganz Persönliches, meine Liebeserklärung an dich,
den Menschen, der in meinem Leben so wichtig ist:

Liebe/Lieber _____

_____

_____

_____

_____

_____

_____

_____

Deine/Dein _____